KERA JUNG

URTEIL LEBEN

BAND 1

Creatio ex nihilo (Urteil Leben -- 1)

Deutsche Erstausgabe Juni 2013

Zweite Auflage: Januar 2014

© Kera Jung

Kera.Jung@gmx.de

Facebook:

https://www.facebook.com/pages/Kera-Jung/107377139457014

https://www.facebook.com/pages/Urteil-Leben/170251946425537

Cover: Sabrina Dahlenburg

Foto: Colourbox.com

Lektorat: Sonja Deacon, Sabine Volke

Korrektorat: Sabine Volke, Sonja Deacon

Satz: Sophie Candice

Erschienen im A.P.P.-Verlag

Peter Neuhäußer

Gemeindegässle 05

89150 Laichingen

ISBN-e-book: 978-3-945164-14-3

ISBN-Print: 978-3-945164-15-0

Dieser Roman wurde unter Berücksichtigung der neuen deutschen Rechtschreibung verfasst, lektoriert und korrigiert.

Creatio
ex
nihilo

Kurzgeschichte

Einsamkeit ist viel häufiger Ursache für Leid und irreparable Schädigungen, als körperliche Gewalt - selbst in ihren grausamsten Auswüchsen.

Nicht zuletzt deshalb wird seit Jahrhunderten gern auf diese besondere Form der Folter zurückgegriffen.

Ein kontaktloser Geist leidet exorbitant und wird zwangsläufig – je nach individuellen Voraussetzungen – entweder daran zugrunde gehen oder Wege aus seinem Gefängnis suchen und finden.

Manchmal gestalten sich diese äußerst ungewöhnlich ...

Für Andrew und Andy

(Scheißer und Maulwurf)
Ihr habt mich so manches Mal ehrlich überrascht!
Es ist mir eine Ehre, euch kennen zu dürfen.

I.

»Komm Sweety, wir müssen uns beeilen!«

Ihre Lippen sind schmal, während sie ihn eilig die dunkle Gasse entlang zieht.

Mit großen, leuchtenden Augen sieht der kleine Junge zu ihr auf und bemüht sich krampfhaft, sein zunehmendes Keuchen zu verbergen.

Seine Mommy! Die schönste Frau der Welt - Daddy sagt das auch immer.

Andrew liebt sie über alles und mag es gar nicht, sie ängstlich zu erleben. Wie im Moment zum Beispiel.

Aufmerksam blickt er sich um, richtet sich dabei unwillkürlich ein bisschen auf und kneift die Lider zusammen, während er versucht, in der Dunkelheit irgendetwas auszumachen. Vor allem alles Gefährliche, was sich ihnen nähern könnte.

An fast jedem späten Nachmittag laufen sie hier entlang: immer dann, wenn Daddy arbeiten ist.

Mommy hat Andrew erklärt, dass der Vater ziemlich traurig sei, seine Familie so selten sehen zu können. Und deshalb habe sie beschlossen, ihn abends zu besuchen. Das leuchtet ihm ein, obwohl er seinen Dad lieber häufiger zu Hause gehabt hätte.

Der Weg zu dessen Arbeitsstelle ist sehr, sehr weit und auf dem letzten Stück wird es sogar ein wenig gruselig. Egal, wie viele große Lichter Mutter und Sohn sonst passieren, an diesem Ort gibt es kein einziges.

Manchmal spiegelt sich der Mond in den schmutzigen Pfützen, die nach dem Regen eine Zeit lang das unebene Pflaster bedecken. Und nur mit echter Mühe kann man die düsteren, korpulenten Gestalten ausmachen, die in unregelmäßigen Abständen an der Hauswand Stellung bezogen haben.

Wie stumme, reglose Wächter.

Andrew musste etliche Male an ihnen vorübergehen, bis er sie schließlich als das erkannte, was sie sind:

Mülltonnen.

Dickbäuchige, metallene Behälter, mit schief sitzenden Hauben, die scheinbar ständig überfüllt sind. Ewig quillt stinkender Unrat unter den Deckeln hervor - die Hinterlassenschaften der Fast-Food-Restaurants und kleinen Pubs, deren Hinterausgänge auf die winzige, verwaiste Gasse führen.

Er mag es hier nicht, denn es stinkt widerlich und nicht nur nach vergammelten Essen, sondern darüber hinaus nach Dingen, die er sich besser gar nicht so genau vorstellen will.

Mommy fühlt sich auch nicht wohl, weshalb er immer so extrem schnell laufen muss. Dennoch breitet sich jedes Mal ein unvorstellbar warmes Gefühl in seiner Brust aus, wenn sie nach dem endlosen Fußmarsch davor diese Etappe erreichen.

Denn es ist die Letzte.

Am anderen Ende kann man bereits das große Gebäude mit den vielen grellen Lichtern ausmachen. Wie ein heller, Hoffnung spendender Lichtstrahl am Horizont.

Dort wartet sein Daddy ...

* * *

Kaum ist es in Sicht, läuft der Junge sogar noch eiliger

und ignoriert dabei tapfer seine schmerzenden Füße. Die Sportschnürer drücken brutal, er wagt jedoch nicht, seiner Mommy davon zu erzählen.

Schuhe sind teuer, man kann nicht so einfach ein neues Paar kaufen. Und weil Andrew nichts weniger möchte, als seine Mutter traurig zu machen, geht er mit zusammengebissenen Zähnen und bemüht sich, mit ihr Schritt zu halten. Obwohl er inzwischen völlig außer Atem ist. Viel zu spät sieht er den Stein und versucht trotzdem noch, auszuweichen. Doch das müde, kleine, gemarterte Bein will den Befehlen seines Besitzers nicht länger gehorchen.

Als er stolpert und in der nächsten Sekunde fällt, prallt sein Knie schmerzhaft auf jenen scharfkantigen winzigen Fels, dem er eigentlich entgehen wollte. Er hört das Reißen, als seine Jeans dem Angriff nachgibt, und bekommt selbst Zeit, sich zu schämen. Neue Hosen sind nämlich ebenfalls teuer und er fühlt beinahe sofort, wie sich klebrige Wärme auf seiner Haut ausbreitet.

»Andy hast du dir wehgetan?« Schon kniet seine Mommy neben ihm und hilft ihm besorgt beim Aufstehen. »Kannst du gehen?«

Ehe Andrew ihr versichern kann, dass er auf jeden Fall laufen könne und es auch ganz bestimmt nicht wehtut, weil er bereits vier Jahre alt ist und damit fast ein Mann, ertönt eine unbekannte Stimme. Sie ist rau, alt, verbraucht und brüchig.

»Oh lala, Baby ...«

Mutter und Sohn sehen im gleichen Moment auf, direkt hinein in eisig blaue Augen, in denen das Weiße komisch gelblich wirkt.

Andrew wird an der Hand gepackt, und bevor er weiß, wie ihm geschieht, findet er sich in einem der winzigen Holzverschläge wieder, die neben den Mülltonnen errichtet wurden, während seine Mommy sich vor ihm aufbaut und mit ihrem Körper die Sicht auf den kleinen Sohn verdeckt ...

Der Mann mit dem seltsamen Blick scheint indes ein paar Freunde gerufen zu haben, denn wenig später wird Andrews Mutter fortgerissen. Der Kleine sieht sie unsanft auf dem harten Pflaster aufschlagen, hört ihre Kleidung reißen und das kalte, johlende Gelächter, das kurz darauf einsetzt. Er beobachtet, was sie mit seiner Mommy anstellen - wenngleich er dafür noch keine Worte hat -, vernimmt ihre gellenden Schreie, als etwas Silbernes im fahlen Licht des Mondes aufblitzt und immer wieder durch die Luft getrieben wird.

Hinab auf seine Mommy ...

Der Wunsch, ihr zu Hilfe eilen, ist übermächtig. Doch als er es versucht, stellt er entsetzt fest, dass er weder Arme noch Beine finden kann. Sie scheinen verschwunden, obwohl er sie doch *sieht!*

Sooft er ihnen den Befehl erteilt, sich endlich zu bewegen!, erntet er von den Empfängern nur störrisches Schweigen. Als hätten sie ganz plötzlich beschlossen, seinem Willen nicht länger gehorchen zu müssen.

Während der gesamten Zeit dröhnt ein seltsames Geräusch in seinen Ohren. Es erinnert ihn an eine Klapperschlange, wie das glibberige Ding, das er neulich beim Besuch im Zoo sah.

Andrew braucht eine ganze Weile, bis er erkennt, dass es seine Zähne sind. Unaufhörlich schlagen sie aufeinander, als die Schreie seiner Mommy zunächst in ein grässliches

Gurgeln übergehen, bis irgendwann gespenstische Stille eintritt. Warme Nässe macht sich in seiner Hose breit und er lauscht ohnmächtig seinem Wimmern, spürt die Tränen auf den Wangen, während eine dunkle, zähflüssige Substanz sich langsam in den Fugen der Pflastersteine die Gasse entlang frisst ...

* * *

»Nein!«

2.

Als er erwachte, empfing ihn Stille, die nur durch sein abgehacktes, mühsames Keuchen unterbrochen wurde.

Luft!

Inzwischen benötigte er sie wirklich dringend. Der Trick, um an den begehrten Sauerstoff zu gelangen, war im Grunde einfach zu bewerkstelligen:

Atmen!

Doch so angestrengt er sich auch bemühte, jene sonst so unspektakuläre Übung schien plötzlich unmöglich ausführbar. Furcht knebelte seine Kehle, versperrte den Zugang mit eisernen, unüberwindlichen Krallen, deren scharfe Zähne sich tief in seinen Hals bohrten.

Wie in jeder Nacht seit so langer Zeit, halb wahnsinnig vor Panik und Angst, glaubte er, dass es endlich so weit war. Heute würden die Krallen nicht mehr im letzten Moment ein Einsehen haben und ihn noch einmal mit dem Leben davonkommen lassen.

Heute – endlich – würde er sterben.

Andrew wusste nicht, wie es sein würde, sehr grauenhaft stellte er sich den Tod allerdings nicht vor. Nicht furchtbarer als das Leben jedenfalls. Schon, weil er dann endlich wieder bei seiner Mommy sein konnte.

Dieser Gedanke machte ihm Mut. Er wehrte sich nicht mehr gegen die zunehmende Atemnot, träumte sich stattdessen in ihre Arme und ignorierte, dass sich seine Lungenflügel immer weiter zusammenzogen, auf der verzweifelten Suche nach Sauerstoff, der ihnen gestattete, sich in dem kleinen Brustkorb auszudehnen.

* * *

Andrew hatte kein Glück.

Er starb nicht, sondern war gezwungen, sich der nächsten Herausforderung zu stellen. Und gegen die machte sich sein Beinahetod von eben als echtes Kinderspiel aus ...

Er musste leben.

3.

Nachdem er eine Zeit lang erfolgreich versucht hatte, zu Atem zu kommen, blickte er zum Wecker, dessen phosphoreszierende Zeiger grell in der Dunkelheit leuchteten.

Drei Uhr morgens ...

Andrew war erst sieben, doch die Uhr konnte er bereits seit Jahren lesen. Damals, als er es lernte, wähnte er es nur als Spiel, heute war er dankbar für diese zehn Minuten seines alten Daseins. In seinem Neuen stellte diese Fähigkeit nämlich eine große Hilfe dar. Nur so wusste er, wann er auch im Winter am Morgen das Zimmer verlassen durfte, ohne sich die argwöhnischen Blicke seiner Eltern zuzuziehen.

Als er noch dumm war – also vor ungefähr zwölf Monaten – ließ er sich einige Male beim Umherschleichen von seinem Dad erwischen. Dabei hatte er gar nichts Bestimmtes vor, eigentlich ging es ihm nur darum, die Zeit totzuschlagen, bis das Haus zum Leben erwachte.

Nicht, dass er die Absicht hatte, daran teilzunehmen. Aber wenn die ersten Türen klappten, dieses nervende Baby schrie oder der Geruch von frisch gebrühtem Kaffee in seine Nase stieg, war dies für den kleinen Jungen das Zeichen, offiziell wach sein zu dürfen.

Inzwischen wusste er es besser und blieb in seinem Allerheiligsten. Obwohl die Begegnungen mit seinem Vater nicht unbedingt ereignisreich verlaufen waren. Wenn überhaupt, musste er sich der Frage stellen, weshalb er denn um diese Uhrzeit nicht schlafe.

Andrew war immer geistesgegenwärtig genug, sich für den Fall der Fälle vorher eine Ausrede einfallen zu lassen. Die erforderliche Kaltschnäuzigkeit, um in jeder noch so delikaten Situation aus dem Stegreif eine schlagfertige und plausible Antwort geben zu können, würde er sich erst in einigen – wenigen – Jahren angeeignet haben. Und so erzählte er mit dem ewigen Lächeln im Gesicht, dass er ein Glas Wasser wolle oder aufs Klo müsse. Stephen Norten nahm ihm jede Erklärung ab, doch dessen Sohn meinte, ein paar Mal diesen verhassten und gefürchteten argwöhnischen Ausdruck ausgemacht zu haben. Und genau deswegen verkniff er sich irgendwann sogar das nächtliche Pinkelngehen, denn selbst das wirkte vielleicht verdächtig. Verdächtig zu sein bedeutete allerdings nichts anderes, als dass man Gefahr lief, gestört zu werden. Oft nur durch Blicke, manchmal jedoch durch aufdringliche und unangenehme Fragen, schlimmstenfalls drohten neue Besuche bei diesem Doktor Steiner. Und der würde ihm dann jede Menge aufdringlicher und unangenehmer Fragen stellen.

Andrew war froh, ihn endlich los zu sein - dieser Mann war ihm unglaublich auf die Nerven gegangen. Dass er nicht mehr zu ihm musste, stellte eine der wenigen guten Neuigkeiten dar, die er innerhalb der letzten Monate verzeichnen konnte.

Doch er war clever genug, um zu begreifen, dass sich dennoch haufenweise Schwierigkeiten am Horizont auftürmten. Sein vorrangiges Problem ließ sich mit einem einzigen Wort umfassen:

Müdigkeit.

In den vergangenen Jahren musste er die schmerzvolle Erfahrung machen, dass es nicht viele Rezepte gegen die Folgen anhaltender Schlaflosigkeit gab.

Er versuchte alles, was ihm in den Sinn kam, sah jedoch irgendwann ein, dass sich seine derzeitigen Möglichkeiten stark eingeschränkt ausmachten.

Erwachsene hatten es einfach, die nahmen irgendein Mittelchen und fühlten sich fit. Hin und wieder blieben sie sogar Tage am Stück wach, ohne dass man es ihnen ansah. Andrew stand keines dieser Wundermittel zur Verfügung, er hatte nur sich selbst. Schlafen – so, wie die anderen Leute - konnte er ja aus irgendwelchen Gründen nicht.

Vielleicht lag es an der Stille, möglicherweise auch nur an seiner Erschöpfung, die in der Dunkelheit stets doppelt so grausam schien, doch erst nachts wurde ihm stets in aller Härte bewusst, dass er ganz allein auf der Welt war. Und manchmal, wenn er dieses verstörende Gefühl nicht hastig genug von sich schieben konnte, kam sie: die gefürchtete Verzweiflung.

Schnell hatte Andrew erkannt, dass er nur dann irgendwie zurechtkam, wenn ihn die Menschen in Ruhe ließen. Damit meinte er alle Personen.

Begonnen bei seinem Dad, dem Verräter, über seine ›neue‹ Mom, die er lieben sollte und es nicht tat, bis zu den Lehrern an seiner Schule, diesen Doktor Steiner und den Kindern in seiner Klasse. Kurzum, Andrew mied jede Person, die irgendwann seinen Weg kreuzte.

Nur leider reagierten die auf seine unmissverständliche Abfuhr keineswegs immer wie erhofft. Als Kind befand man sich unter ärgerlicher Dauerbewachung und jeder Erwachsene schien der Ansicht zu sein, einem Befehle erteilen zu dürfen.

Sarah war die neue Frau seines Dads, Stephan Norton. Sie hatte absolut keine Ähnlichkeit mit seiner Mom, auch wenn Andrews Vater das total anders sah. Diese Sarah war leider mit Abstand am nervigsten. Ewig versuchte sie, ihm Vorschriften zu machen, legte ihm seine Kleidung bereit und unterbreitete sehr oft seltsame Vorschläge, was seine Freizeitgestaltung betraf. Er sollte »Spielen gehen« - wie ein Kleinkind. Er sollte »mit dem Rad fahren« oder »im Pool schwimmen«. Manchmal wurde es ganz abenteuerlich, dann überlegte sie laut, ihn in ein ›Sommerlager‹ zu schicken.

Bisher konnte er wenigstens dieses drohende Fiasko immer noch erfolgreich abwenden, denn Andrew hatte keine Ahnung, wie er in einem Raum voller Jungen schlafen und gleichzeitig sein allnächtliches Beinahe-Ersticken verbergen sollte.

Sehr oft wollte Sarah ihn zu einem Kinobesuch überreden, doch Andrew verabscheute das Fernsehen ebenso, wie die öffentliche, große Variante. Filme machten ihn müde, er konnte sich nur schlecht auf die sich ständig bewegenden bunten Bilder konzentrieren, weshalb er so gut wie nie fernsah und nie das Filmtheater besuchte.

Sarah ließ auch noch andere, absolut unbrauchbare Vorschläge verlauten - hirnrissige, nutzlose Dinge, die Andrew allesamt ablehnte. Nicht zuletzt, weil sie von ihr stammten.

Das Problem mit der Kleidung löste er, indem er sich seit über einem Jahr seine Sachen selbstständig aus dem Schrank suchte. Er brauchte drei Anläufe, dann zeigte sich seine Pseudomutter zufrieden. Auseinandersetzungen aufgrund mangelnder Beschäftigung ging er aus dem Weg, indem er faktisch nie untätig war.

Entweder er lernte, spielte Klavier oder er las. Abgesehen von den Klavierstunden bei der alten Mrs. Brady hielt Andrew sich fast ausschließlich in seinem Zimmer auf - seiner Zuflucht und Folterkammer zugleich.

Hier schützte er sich vor der Außenwelt und deren verwirrenden Einflüssen; in diesem Raum holten ihn jedoch auch zuverlässig seine Zweifel und die Mutlosigkeit ein. Allzu oft drohte er, sich in peinlichen Tränen aufzulösen, weil er manchmal so müde war, dass seine Augen nichts mehr deutlich wahrnehmen konnten. Hier litt er unter Atemnot, hier glaubte er zu krepieren, hier sah er seine echte Mom sterben.

Und das in jeder Nacht - seit mehr als zwei Jahren.

Doch seitdem er erfolgreich demonstriert hatte, dass sein Tag mit sinnvollen Beschäftigungen ausgefüllt war, versuchte wenigstens niemand mehr, sich mit ihm auseinanderzusetzen. Sehr gut. Es verlangte nämlich verdammt viel Konzentration, täglich einundzwanzig Stunden in halbwegs wachem und ansprechbarem Zustand durchzustehen. Selbst ein Siebenjähriger konnte das unter Umständen schon mal bewerkstelligen.

Doch Andrew vollbrachte dieses Kunststück bereits seit über zwei Jahren. Jeder – *jeder!* – andere hätte in der Zwischenzeit wenigstens gepatzt - er hatte bisher noch jeden erfolgreich getäuscht.

Andrew benötigte drei Anläufe, um dahinterzukommen, was dieser Steiner von ihm hören wollte.

Da war er fünf.

Ab diesem Moment erzählte er ihm in schöner Regelmäßigkeit und mit sehr blumigen Worten, wie arg er seine Mommy vermisse und wie gern er sie wiederhaben würde. Doch sie sei jetzt ein Engel im Himmel und wache dort über ihn, und eines fernen Tages, wenn er als alter Mann sterbe, würde er sie endlich wiedersehen. Daddy habe eine neue Mommy für ihn gefunden, die sei auch ganz lieb.

Steiner war begeistert und Andrew hatte seine Ruhe.

Allerdings musste er vierundzwanzig Monate lang zweimal wöchentlich diesen Nonsens erzählen, bevor der Arzt schließlich attestierte, dass mit Andrew Nortons Oberstübchen wieder alles in bester Ordnung war. Zu diesem Zeitpunkt war der Junge so weit, sich unter seiner Decke zu verkriechen und so lange zu brüllen, bis seine Stimme für immer kapitulierte.

Doch er lernte schnell, dass es am Sichersten war, stets zu lächeln. Völlig egal, wie müde er sich fühlte - das traf ohnehin ständig zu. Vom Aufwachen bis zum Einschlafen. Was ›Ausgeschlafen sein‹ bedeutete, war ihm unbekannt, denn diesen Zustand hatte er nie erlebt, jedenfalls nicht bewusst.

Das Zubettgehen erledigte er bereits seit über einem Jahr ohne Hilfe. Seine Eltern zeigten sich regelmäßig unglaublich stolz, weil er so »außerordentlich selbstständig und vernünftig« war.

Weder die Ersatzmommy noch sein Daddy und schon gar nicht dieser Doktor Steiner wussten allerdings, dass Andrew, wenn er sich abends pünktlich um acht Uhr zur Nacht verabschiedete, garantiert nicht schlief. Ab diesem Moment begann in Wahrheit der zweite Teil seines Tages. Den verbrachte er mit heimlichem Lesen unter der Decke, damit niemand das Licht sah. Sarah vergewisserte sich nämlich öfter einmal, ob ›der Junge‹ auch wirklich schlief.

Es störte!

Andrew hasste sie dafür, nun gut, tatsächlich verabscheute er diese Person für alles. Ihr sanftes Lächeln, weil sie ihn an seine Mom erinnerte und dennoch ganze Planeten davon entfernt war, diese zu sein, für ihre Sorge um ihn, die ihr weder zustand noch aufrichtig war und für die Art, wie sie ihn immer wieder skeptisch musterte.

Er wollte sie nicht!

Am Anfang hatte sie ärgerlicherweise versucht, sich ihm aufzudrängen. Urplötzlich tauchte sie abends an seinem Bett auf und meinte, ihm aus einem Buch vorlesen zu müssen!

Damals war Andrew fünf und konnte seit über einem Jahr lesen. Doch er verzichtete darauf, ihr das mitzuteilen und starrte stattdessen zur Decke, bis sie schließlich aufgab und verschwand. Das hielt sie eine Woche durch, dann kam sie nicht mehr.

Zunächst machte sie häufig Anstalten, ihn in den Arm zu nehmen. Er widerstand dem Wunsch, sie heftig von sich zu stoßen, erstarrte nur zur Salzsäule, bis sie ihn endlich losließ.

Wollte sie ihn mit süßem Pudding bestechen, ließ er nicht mit einem Grinsen das kleine Porzellanschälchen fallen, so wie er es vielleicht gern getan hätte, sondern verließ nur wortlos die Küche.

Der Junge zerfetzte nicht die Geschenke, die sie ihm an seinem Geburtstag und an Weihnachten gab, ignorierte sie bloß konsequent. Über ihre verletzte Miene allerdings freute er sich diebisch, und sie tat ihm kein winziges Bisschen leid, denn sie hatte es nicht besser verdient. Warum kapierte sie nicht, dass sie nicht seine Mom war? Sicher, wenn man sich viel Mühe gab, konnte man eine gewisse Ähnlichkeit ausmachen, aber *sie roch doch ganz anders!*

Irgendwann musste er leider einsehen, dass sie wohl nicht mehr gehen würde. Das war, nachdem sein Dad sie geheiratet hatte und kurz bevor dieses kreischende Ding geboren wurde.

Ohhh ja, Andrew war nämlich inzwischen mit einer Schwester beglückt worden. Die hieß Claudia und er hasste sie beinahe ebenso sehr, wie die neue Frau seines Vaters.

4.

An jeden Abend schlief er pünktlich um Mitternacht ein und wachte immer zwischen drei und drei Uhr dreißig auf.

Ein Weiterschlafen danach war unmöglich; hätte er sich vor Mitternacht zur Ruhe begeben, wäre die Beendigung der Nachtruhe nur vorverlegt worden. Das hatte er unzählige Male getestet. Offenbar glaubte sein unwissender Körper, drei Stunden Schlaf würden genügen.

Niemand wusste davon, es war Andrews kleines Geheimnis. Doch zwei Jahre stellen eine unvorstellbar lange Zeit im Leben eines Jungen dar. Langsam aber sicher drohte die Müdigkeit, ihn aufzufressen. Noch gelang es ihm stets irgendwie, sich zusammenzureißen und trotzdem zu lächeln, obschon ihm das leichte Heben seiner Mundwinkel in der Zwischenzeit fast physische Schmerzen bereitete.

Noch bestand er.

Aber gestern, als er von Gibbs seinen Test zurückbekam, entdeckte er dort ein fettes, hässliches B.

Ein B!

Für ihn ungefähr die schlimmste, denkbare Katastrophe. Andrew war nämlich der Beste, - nicht einer von ihnen, sondern der ultimativ, einzigartige, unschlagbare, nie vorher da gewesene. Nur so konnte er sichergehen, dass sie ihn in Ruhe ließen.

Es war so verdammt schwer, sich als Siebenjähriger diese besserwisserischen Idioten vom Hals zu halten. Ein Teil des Deals, damit sie es auch ja taten, war, dass man keinen Ärger machte. Nicht auffallen, nicht den geringsten Fehler begehen, niemals ungehorsam, nie laut sein, immer lächeln, niemals schlecht gelaunt sein, nie eine schlechte Zensur nach Hause bringen, immer gut, besser als gut, *der Beste sein!*

Das war Andrews Weg. Hart und entbehrungsreich verlangte er alles an Kraft ab, was der Junge aufzubieten hatte.

Und genau hier drohte sein brillanter Plan zu scheitern: Langsam aber stetig gingen seine Kräfte nämlich zur Neige.

Er war so unglaublich müde, so wahnsinnig einsam, fühlte sich so unfassbar hilflos. Alles Attribute, die er nicht unbedingt auf sich anwenden wollte, geschweige denn, dass er sie mit seinen sieben Jahren exakt benennen konnte. Nur leider trafen sie zu.

Wieder sah er zu dem kleinen Kinderwecker, inzwischen war es fast vier Uhr, was bedeutete, zwei weitere Stunden lagen vor ihm, in denen er den Maulwurf spielen musste. Dann würde ein neuer Tag folgen, von dem er nicht wusste, wie er ihn überstehen sollte. Andrew blickte nie sehr weit in die Zukunft, sondern tastete sich von einem Tag zum nächsten vor. Das war schon deshalb angebracht, weil er ja nie wusste, ob er seine allmorgendliche Atemnot ein weiteres Mal überleben würde.

Irgendwann hatte er sich die Frage gestellt, ob man an Müdigkeit sterben konnte. Eine Antwort fand er bisher nicht. Im Moment lebte er jedenfalls noch, was ihn ehrlich überraschte. Möglicherweise war das sogar die Antwort. Irgendwie glaubte Andrew nicht, dass man noch kaputter sein konnte.

Es setzte ihm zu – ja, aber das war nicht das Schlimmste, ihn zermürbte, dass er keinen Ausweg fand, kein Ziel sah, kein Ende in Sicht. Er hätte so gern diese bleierne, immer anwesende Schwäche hinter sich gelassen, den Schmerz und all das, was damit zusammenhing und wusste nur nicht, wie er das anstellen sollte. Kein Selbstmitleid, etwas Derartiges passte nicht zu seinem Wesen, Andrew stellte sich nur zunehmend verzweifelt die Frage, wie es weitergehen sollte.

Aber eigentlich waren selbst derartige Überlegungen strengstens verboten. In Wahrheit hätte er sich bereits mit den Vorbereitungen für den nächsten Tag beschäftigen müssen. Jede vergehende Minute bedeutete für ihn sechzig Sekunden Müdigkeit und Schmerz und gleichzeitig die tiefe Notwendigkeit, sich irgendwie zu beherrschen, damit niemand die wackelige Fassade durchschaute. Ging das schief, dann war er geliefert. Sie würden ihn ins Irrenhaus verfrachten und nie wieder herauslassen. Und davor empfand Andrew so unendliche Angst, dass ihn allein der Gedanke daran wieder zu ein wenig Kraft verhalf.

Das zu verhindern, machte seinen gesamten Lebensinhalt aus.

Andrew hatte innerhalb der letzten zwei Jahre eine ganze Menge gelernt, er war fast ein Profi. Aber eben nur fast.

Manchmal, wenn er in der Einsamkeit der Nacht zu versagen drohte, fiel sein Blick auf die kleine weiße Narbe am linken Handgelenk. Er konnte sich noch genau an deren Entstehen erinnern, ganz besonders jedoch an jenen süßen, so wohltuenden Schmerz, nach dem er sich mit jeder Sekunde, die er sich in seinem stillen Gefängnis befand, mehr zurücksehnte.

5.

Sie sind erst vor Kurzem in das neue Haus eingezogen, zeitgleich muss sein Dad beschlossen haben, diese Sarah zu heiraten. Niemand fragt den Jungen, ob der damit einverstanden sei - dessen Meinung ist uninteressant, schließlich ist er noch klein und hat keine eigene Ansicht zu besitzen. Außerdem mimt er ohnehin mehr einen Schatten, als ein echtes Familienmitglied – und das ist auch gut so. Er hätte es nicht anders gewollt.

Als die Party im vollsten Gange ist und Andrew nicht mehr weiß, wohin mit dem riesigen Schmerz, der in seiner Brust tobt, schleicht er sich nach oben. Niemand beachtet ihn, die vielen Gäste sind viel zu sehr mit dem Feiern des glücklichen Brautpaars beschäftigt.

Sorgfältig verschließt er die Tür des Badezimmers – er hat bereits begriffen, dass man die verrücktesten Dinge anstellen kann, sich nur niemals dabei erwischen lassen darf.

Das Steakmesser ließ er zuvor unbemerkt von der Tafel mitgehen - keinesfalls eine große Hürde, da er im Grunde Luft verkörpert. Und während der gesamten Zeit kämpft er mit den Tränen. Weil ihm seine Mommy so unglaublich fehlt und weil er sich mit dem heutigen Tag wohl endlich der Realität stellen muss: Sie wird nicht mehr zurückkehren.

Ohne sich bewusst zu sein, was er eigentlich tut, setzt er sich auf die geschlossene Toilette, lässt die Messerklinge auf sein Handgelenk sinken und drückt zu. Erst noch verhalten, die natürliche Hemmschwelle muss auch er überwinden. Doch bald verstärkt er den Druck und der scharfe Stahl durchtrennt den dünnen weißen Stoff seines Hemdes mit Leichtigkeit. Wenig später machen sich kleine rote Rosen darauf bemerkbar.

Es tut weh, ja, doch es ist gut - eine schöne Qual. Erst jetzt erkennt er, dass er genau danach gesucht hat und er lehnt den Kopf zurück, schließt die Augen und genießt mit einem seligen Lächeln auf den schmalen Lippen.

An diesem Tag lernt Andrew, dass es durchaus Möglichkeiten gibt, diesem tobenden Reißen in seiner Brust zu entfliehen. Er muss es nur an eine andere Stelle seines Körpers verlagern, dorthin, wo er nicht von seinem Brustkorb im Schach gehalten wird. Denn so kann er sich in die Luft erheben und verschwinden.

Eine lange, sehr lange Weile sitzt er mit gesenkten Lidern in dem nagelneuen, blitzenden Bad und gibt sich den erlösenden Schmerzen hin. Zum ersten Mal seit jenem grauenhaften Ereignis, das ihn noch in zwanzig Jahren in jeder Nacht heimsuchen wird, darf er befreit aufatmen.

Und als er wieder zu sich kommt, kostet es ihn nur ein müdes Grinsen, die Spuren so zu beseitigen, dass niemand ihm etwas nachweisen kann. Diese Notwendigkeit hat er auch schon längst erkannt. Er versorgt die Wunde, entfernt das Blut, das sich reichlich auf den hellen Fliesen gesammelt hat, zieht ein neues Hemd an und geht schließlich hinab zu all den Verrätern, während der Oberverräter die fremde Frau küsst ...

6.

Bisher war es bei diesem einen Ausflug ins Reich der Selbstverstümmelung geblieben, obwohl Andrew bald erfuhr, dass der Schmerz irgendwann zurückkehrte und es sich wieder in seinem Knochenkäfig bequem machte.

Sehr oft wollte er ihn erneut befreien, widerstand jedoch immer, manchmal im sprichwörtlich letzten Moment. Er hatte sich nämlich überlegt, dass diese unscheinbare weiße Narbe, die von seinem heimlichen Abenteuer zurückgeblieben war, irgendwann auffallen könnte. Besonders, wenn sich weitere hinzugesellten.

Als Kind war man den Erwachsenen hilflos ausgeliefert. Wenn die sagten, »Zieh dich aus!«, musste man das tun. Sie schleiften einen zu Ärzten, die irgendwelche Impfungen verabreichten und spätestens dort gelang es nicht mehr, bestimmte Dinge mit einem milden Lächeln zu überspielen. Dann war man geliefert - auch dahinter kam Andrew bald.

Er begriff ohnehin ziemlich schnell. Mit seinen sieben Jahren wusste er bereits genau, wie das Leben lief. Alles in allem gesehen, stellte es eine Aneinanderreihung von harten Kämpfen dar, während man mit wachsender Verzweiflung darauf wartete, endlich für immer gehen zu dürfen. Darüber hinaus blieb man am besten allein, mit sich selbst hatte man nämlich schon genug zu tun.

Eine Erkenntnis jedoch stand über allen anderen: Er konnte sich nur auf sich selbst verlassen.

Das störte ihn nicht etwa, im Gegenteil: Längst lebte er ausschließlich in seiner eigenen kleinen Welt, denn so konnte ihn wenigstens niemand durcheinanderbringen. Das war die schlimmste Gefahr von allen. Solange er sich konzentrierte, hatte er eine Chance, aber wenn andere begannen, in seinem Leben herumzupfuschen, dann wurde es echt brenzlig.

Warum es ihm immer schlechter ging, konnte er nicht erkennen, zu klein, gefangen in seinen Ängsten und seiner hoffnungslosen Existenz, war er viel zu blind.

Es war nämlich nicht die Sehnsucht nach seiner Mutter - diesbezüglich war Andrew ganz Realist, die würde wohl nicht   wiederkommen. Auch wenn das seinen Schmerz nicht beseitigte. Zunehmend bezweifelte er, dass sie überhaupt jemals da gewesen war. Denn es gab keine Fotos von ihr, im Haus erinnerte nichts an ihre Existenz, nie wurde von ihr gesprochen oder ihr Grab besucht.

Manchmal, wenn er allein war, begann er, die Schränke seiner Eltern zu durchwühlen und wurde dabei stetig verzweifelter. Denn sie war weg. Verschwunden! Hatte er sie vielleicht nur geträumt?

Ebenfalls litt er keineswegs exorbitant aufgrund der ständigen Müdigkeit, damit hatte er sich längst arrangiert, außerdem gewöhnte sich der Mensch irgendwann zwangsläufig an alles.

In Wahrheit litt Andrew am meisten unter seiner Einsamkeit.

Es gab niemandem, mit dem er sprechen oder dem er sich anvertrauen konnte; keiner war da, der ihn aufhielt, wenn er drohte, einfach aufzugeben; niemand sagte ihm, was er tun sollte, wenn er wie so häufig ratlos war. Er war nur ein Junge, ein Zweitklässler an der Junior Highschool, der für sein Alter zwar viel wusste, doch leider nicht genug.

Andrew hatte beispielsweise nicht den blassesten Schimmer, was er tun sollte, wenn er bei Gibbs versagte und anstatt eines A+ wieder nur ein B nach Hause brachte.

Geschah das öfter, würde es Fragen geben und Beschwerden bei den Eltern, möglicherweise wäre Andrew wieder diesen besorgten Blicken ausgesetzt, man würde »mit ihm reden« wollen und seinen Tagesablauf - *ihn* - durcheinanderbringen. Und genau das musste er doch aber unbedingt vermeiden!

Als er vor einigen Jahren feststellte, dass aus dem Sterben so schnell wohl nichts werden würde, hatte er sein Leben ganz einfach geordnet:

Andrew machte Pläne.

Es existierte ein kleines Buch, in dem er sie erstellte, um dann jeden erledigten Posten sorgfältig abzustreichen.

Eine Zeit lang funktionierte es hervorragend. Es war ein gutes Gefühl, am Ende des langen Tages jeden einzelnen Punkt mit einem dicken Strich versehen zu haben. Lediglich die Zeiten des Aufwachens variierten geringfügig. Ansonsten glich ein Tag dem anderen.

Doch in letzter Zeit hielt er sich immer seltener an seine Vorgaben.

Er lag zum Beispiel immer noch im Bett, obwohl er bereits intensiv mit der Planerfüllung beschäftigt sein musste.

Die ersten beiden Positionen hatte er ja noch bedient:

3:00 am ---- wach werden.

3:05 am ---- langsam wieder zu Luft kommen – wenn er wieder einmal nicht gestorben war ...

Danach hinkte er so ziemlich im Plan hinterher. Denn der nächste Punkt lautete:

3:06 am ---- aufstehen!

Andrew lag jedoch immer noch im Bett, und sooft er auch in sich hinein lauschte, er verspürte nicht das geringste Bedürfnis, es zu verlassen.

Und genau das war der springende Punkt! Er hatte nie auch nur den leisesten Wunsch, irgendetwas von dem zu tun, was gerade auf der Tagesordnung stand, tat es Normalfall aber trotzdem. Irgendwie musste die ganze Geschichte ja funktionieren. Wäre es nach ihm gegangen, hätte er möglicherweise den gesamten Tag nutzlos in einer Zimmerecke gesessen.

Nur ... von ihm wurde verlangt, dass er sich beschäftigte.

Tat er wenig, behielten sie ihn im Auge, je sinnvoller erschien, womit er sich befasste, desto erträglicher wurden die Kontrollen. Versah er alles selbstständig, gelang es ihm selbst als Siebenjähriger, ein relativ unabhängiges Dasein zu führen.

Sein Dad interessierte sich ohnehin nicht für ihn, betrat nie sein Zimmer, ließ sich niemals Zensuren zeigen, erkundigte sich nicht nach Andrews Leben oder nach dem, was seinen Sprössling bewegte.

Weshalb sich das so verhielt, wusste Andrew ganz genau: Daddy war böse auf ihn. Er sagte es nie, ließ es ihn allerdings spüren, und zwar in jeder Sekunde. Denn seit jener Nacht hatte der Vater nie mehr als einige belanglose Worte mit seinem Sohn gewechselt.

Wenn Andrew nicht schlief, konnte er sich nicht mehr an

viele Details von damals erinnern, nur noch daran, dass ihn irgendwann Polizisten zu seinem Dad in die Klinik schafften. Seine Mom jedoch wurde in einen schwarzen Foliensack gepackt und tauchte nie wieder auf.

Es benötigte eine Weile, bevor der Junge begriff, warum sein Vater ihn plötzlich ablehnte und wie Luft behandelte, aber schließlich kam er dahinter, sehr schwer war es ja nicht, lagen die Fakten doch auf der Hand!

Er hätte aufpassen, um sie kämpfen müssen, diese Monster schlagen, irgendetwas tun. In Abwesenheit des Familienoberhauptes war er nun mal der Mann der Stunde und hatte sie zu beschützen. Doch eben das hatte er nicht getan, sondern saß stattdessen in diesem Verschlag, heulte und pinkelte sich nass.

Das war es!

Oh, Andrew stimmte seinem Vater durchaus zu, obwohl ihm bewusst war, dass er gegen diese Mörder nichts hätte ausrichten können. Wie viele es genau gewesen waren, entzog sich übrigens auch seiner Kenntnis. Doch er hätte es versuchen müssen. Er schätzte, Stephan Norton konnte ihm nicht ertragen, dass der Sohn zurückgekehrt war und seine Frau nicht.

Inzwischen empfand er ob der Ignoranz seines Vaters sogar Dankbarkeit. Seitdem der diese fremde Tante angeschleppt hatte, konnte er ihn nur noch mit Schwierigkeiten ins Gesicht sehen.

Zu schwer lastete dessen Verrat.

Allerdings war er davon überzeugt, dass sein Dad sofort auf der Matte erschienen wäre, wenn er nicht mehr funktionierte. Diese Sarah würde zuverlässig dafür sorgen. Manchmal hörte er nachts, wie sie über ihn diskutierten.

Dann fielen solche Worte wie ›Therapeut‹ und ›Gespräche‹, ›Sorgen machen‹ und andere Nettigkeiten, die alle nur eines bedeuteten:

Andrew lief akute Gefahr, gestört zu werden.

Die Reaktionen seines Dads ließen den im Ansehen des Sohnes wieder etwas steigen. Er wiegelte nämlich ab, bis die verhasste Ersatzmutter das Thema nicht mehr anschnitt; Andrew war ohnehin der Ansicht, dass sie ihn nur loswerden wollte.

Irgendwann schwieg sie immer. Was er übrigens als nur angemessen betrachtete, denn er hatte mit dieser Person nichts zu schaffen. Außerdem musste er bereits ohne diese widerliche Einmischung genug Probleme bewältigen. Denn in letzter Zeit geschah es immer häufiger, dass er drohte, zu verlieren.

Zu häufig.

Er hatte nur keine Ahnung, wie er sich dagegen wehren sollte.

Immer öfter suchte ihn diese jämmerliche Mutlosigkeit und Verzweiflung heim. Dann half nichts mehr: Kein Zusammenreißen, Anfeuern oder Beschwören, dann war er plötzlich nur noch der kleine Junge, der er gewesen wäre, hätte er nur besser auf seine Mommy aufgepasst.

Und irgendwann überfielen sie ihn, hinterrücks und unaufhaltbar:

Tränen.

Und so sehr er sich auch dafür hasste, er konnte sie nicht zurückhalten.

So wie jetzt mal wieder ...

Je schneller sie liefen, desto sicherer wusste er, wie aussichtslos der Kampf war. Inzwischen war Andrew so müde, dass er sich nicht einmal mehr in der Schule aufrecht halten konnte. Mit jeder Minute schien ihn die Tischplatte seines Pultes lauter zu rufen. Er wollte den Kopf darauf legen und die Lider schließen, nichts mehr sehen, hören oder riechen, die näselnde Stimme von Gibbs aussperren und schlafen.

Schlafen!

Er war so unglaublich müde ...

7.

Hey ...

Andrews leises Schluchzen in der Dunkelheit seines stillen Raumes verstummte und er riss die Augen auf. Dann runzelte er die Stirn und schüttelte mutlos den Kopf.

Nun war es endgültig vorbei, er hörte Stimmen! Bereits seit Langem wusste er, dass er ein Psycho war und nicht nur, weil die Kinder in der Schule es ihm ständig nachriefen. Doch bisher hatte er gehofft, nur ein bisschen anders als die anderen zu sein. Fehler! Resigniert schloss er die Lider, nur, um sie im nächsten Moment wieder aufzureißen.

Er hatte etwas gesehen!

Einen großen, breitschultrigen Mann, mit blitzenden blauen Pupillen, einem schmalen, ironischen Lächeln, in einer Uniform und mit einem Rangerhut.

Das wäre alles halb so wild gewesen, befände er sich nicht mitten in der Nacht in seinem düsteren, einsamen Zimmer, während er diesen Mann nicht etwa in irgendeiner Ecke entdeckt hatte, sondern in seinem Schädel!

Bürschchen, du kannst dir jetzt Ewigkeiten das aufgeweichte Hirn darüber zerbrechen, ob ich nun tatsächlich existiere oder nicht. Aber sind wir doch mal ehrlich: Im Grunde interessiert es einen Schiss, oder?

Oh Mist! Jetzt sah und hörte er ihn auch, wenn er die

Augen geöffnet hatte! Gnadenlos breitete sich die verhasste Panik in ihm aus und drohte wie so häufig die Herrschaft zu übernehmen. Der Unbekannte mit der spöttischen dunklen Stimme lachte laut auf, dann schüttelte er bekümmert den Kopf.

Ich schätze, es läuft momentan nicht so gut, oder?

Andrew versuchte, ihn zu ignorieren. Das erwies sich jedoch als gar nicht so einfach, denn der Kerl befand sich ja genau in seinem Hirn!

Der Fremde beobachtete ihn für eine Weile mit schmalem Lächeln und irgendwann verzog er angewidert das Gesicht.

Scheiße! Exakt diese Sorte von kleinen Jungen hat mir schon immer das Leben schwer gemacht. Sie funktionieren nicht, liegen heulend wie Babys in ihren Betten und warten auf Hilfe. Ha! Sie halten sich mit Nebensächlichkeiten auf, anstatt sich dem Problem zu stellen und es zu beseitigen. Übrigens, nur ein Rat am Rande: Durch weibisches Gejammer wird es nicht besser. Außerdem dürftest du Schwierigkeiten bekommen, wenn sie deine roten Augen sieht. Das könnte zu Fragen führen. Irre ich mich oder wolltest du nicht genau die vermeiden?

Andrew erschrak und abrupt versiegten die Tränen. Verdammt! Daran hatte er noch gar nicht gedacht!

Der Mann ließ ihn nicht aus den schlauen, blitzenden Guckern. Jetzt stemmte er seine Hände in die Hüften, warf den Kopf zurück und lachte bellend. Es erstarb so schlagartig, wie es gekommen war, und als er wieder anhob, klang er drohend.

Eben! Das ist der ganze Ärger, mein Junge! Du denkst nicht mehr!

Du bist nur ein verweichlichter Schlappschwanz, der winselnd darauf wartet, dass man ihm den Gnadenschuss verpasst!

Unvermutet ging er in die Knie, sodass sich ihre Gesichter auf gleicher Höhe befanden. *Allein schaffst du es nicht!*, wisperte er. *Oder willst du das abstreiten?*

Andrew überlegte, dann bewegte sich seinen Kopf einmal nach links und einmal nach rechts.

Der Fremde verdrehte stöhnend die Augen. *Okay, beginnen wir im Urschleim. Dass das so schwierig werden würde, hätte nicht mal ich geglaubt! Und ich bin so einiges von deiner Sorte gewöhnt. Ich spreche auch sehr langsam, damit es ankommt. Siehst. Du. Mich?*

Diesmal ging Andrews Kopf einmal hinauf und einmal hinunter.

Der Soldat in seinem Hirn grinste. *Fein! Meinst du, mich sieht noch jemand anderes?*

Andrew verneinte lautlos.

Wahnsinn! Und jetzt pass auf! Ab dieser Stelle werden die Fragen etwas komplizierter! Er zog eine spöttische Grimasse. *Glaubst du, die Leute wundern sich nicht, wenn du plötzlich beginnst, grundlos mit dem Schädel zu wackeln, wie ein seniles, altes Weib?*

»Hier ist doch niemand!« In seiner Verwirrung hatte Andrew laut gesprochen. Es machte sich in der Stille des Raumes wie ein Donnergrollen aus und besiegelte außerdem seinen Verdacht, endlich tatsächlich den Verstand verloren zu haben.

Der Soldat lachte laut und schlug sich begeistert mit einer Hand auf den Oberschenkel.

Wow, sehen kann er auch! Nein, natürlich ist hier niemand, du Idiot! Aber das wird sich ändern! Wie willst du das in der Schule handhaben? Meinst du nicht, der gute alte Gibbs könnte ...

»Woher kennen Sie Mr. Gibbs?«, hauchte Andrew mit großen Augen.

Unwirsch schwang er seine Hand. *Ich weiß alles über dich, wenigstens das müsste dir inzwischen aufgegangen sein.* Lauernd betrachtete er ihn, dann stöhnte er leise. *Okay, das ist vielleicht ein wenig viel verlangt, ich verstehe. Da war ja die Angelegenheit mit dem Urschleim ...*

Resigniert seufzte er und blickte für einen Moment ratlos vor sich hin. Doch dann sah er auf, verzog das Gesicht und lachte laut.

Jetzt ist es dir doch tatsächlich gelungen, mich mit deiner hirnlosen Fragerei vom Thema abzulenken. Nicht schlecht, mein Junge. Ebenso schnell, wie es gekommen war, verschwand das Grinsen wieder und abermals blitzten die Pupillen bedrohlich auf.

... und völlig dämlich! Wie wollen wir es schaffen, wenn du nicht mitspielst?

Er wartete auf keine Antwort, sondern fuhr in dem gleichen grimmigen Ton fort.

So, wie ich das sehe, sitzt du ziemlich tief in der Scheiße. Und sollte dir nicht bald etwas wirklich Brillantes einfallen, haben sie dich an deinem süßen, kleinen Pennälerarsch. *Soll ich dir sagen, warum das so ist? Weil du dich im Selbstmitleid suhlst, obwohl es total unangebracht ist! Gut, du kannst nicht schlafen ... Und? Hast du dir mal überlegt, welchen Nutzen dir das bringt?*

Während die anderen grunzend in den Federn liegen, kannst du arbeiten und dafür sorgen, dass du die Nummer eben nicht gegen den Baum fährst.

Du kannst lernen, trainieren, all die Dinge erledigen, für die den anderen die Zeit fehlt. Du bist ihnen im Vorteil, mein Junge!

Erwartungsvoll musterte er ihn, doch Andrew wusste nichts zu erwidern. Offensichtlich hatte der Kerl keine Ahnung, was es bedeutete, jede Nacht nur drei maximal dreieinhalb Stunden zu schlafen. Das war kein Witz und ebenfalls nichts, was man einfach so ...

Bullshit!, knurrte er und Andrew erschrak abermals, bevor sich Verblüffung auf seinem Gesicht ausbreitete. »Du hörst mich?«

Diesmal stöhnte der Mann in seinem Kopf entnervt, ehe er die Augen verdrehte. *Das will ich dir doch die ganze Zeit begreiflich machen, du Idiot! Du musst weder mit deinem Kopf einen epileptischen Anfall simulieren noch laut sprechen! Das wäre sogar selten dämlich! Oder willst du, dass sie dich wirklich für einen Psycho halten?*

»Das tun sie auch so schon«, murmelte Andrew düster.

Abrupt erhob sich der Mann und blickte sichtlich verächtlich auf ihn hinab.

Du bist einer von der total unbelehrbaren Sorte, oder?

Verdattert sah Andrew zu ihm auf.

Okay, noch einmal zum Mitschreiben. Weil du neu bist, werde ich eine unfassbare Ausnahme machen und mich wiederholen!

Aber solltest du noch ein einziges Mal meine Anweisungen ignorieren, bekommst du Ärger. Kannst du dir vorstellen, dass ich dir Ärger bereiten kann, mein Junge?

»J...« Eilig presste Andrew die Lippen aufeinander und dachte stattdessen:

Ja ...

Ja, was?

Ja, Sir?

Ein unglaublich einnehmendes Lächeln breitete sich auf dem alten Gesicht aus, machte es schlagartig sympathisch, beinahe väterlich und Andrew atmete erleichtert auf. Er wollte nicht wirklich erfahren, was geschah, wenn der Fremde wütend wurde.

Siehst du, es wird doch! Und jetzt mein süßer, kleiner Fratz, hör mir zu: Du wirst exakt das tun, was ich dir sage. Gut möglich, dass du derzeit nicht weißt, dass es das Beste ist, was du tun kannst. Aber dahinter wirst du schon kommen. Und in der Zwischenzeit verzichten wir auf die üblichen Diskussionen und gehen sofort an die Arbeit. Einverstanden?

Das klang immer noch gutmütig, nur blitzten die blauen Augen bereits wieder so verdächtig. Und Andrew, dessen Angst vor diesem großen, kräftigen Kerl stetig zunahm, beeilte sich, zu antworten. In seinem Kopf, natürlich.

Ja, Sir ...

8.

Keine zwei Tage vergingen, dann hatte Andrew sich an die herrische Stimme gewöhnt, die neuerdings in seinem Kopf wohnte. Und es bedurfte keiner Woche, um zu vergessen, dass es eine Zeit davor gegeben hatte.

Der Fremde nannte sich selbst den ›DS‹, was die Abkürzung für ›Drillseargant‹ bedeutete, wie er ihm leicht entnervt erklärte. Andrew war der Begriff durchaus geläufig und er fand ihn wirklich passend.

Doch trotzdem dieser seltsame, despotische Mann ihn von morgens bis abends antrieb, war Andrew froh, ihn zu haben. Endlich sagte ihm jemand, was er tun sollte, endlich musste er nicht mehr jede knifflige Entscheidung allein treffen und endlich – *endlich* – hatte er einen Gesprächspartner.

Auch dafür war sein DS nämlich zuständig.

Andrew brauchte nicht lange, um dahinter zu kommen, wie man am besten mit ihm auskam. Der Deal war ziemlich einfach: Man musste nur tun, was er befahl.

Um zu der zweiten, viel bedeutenderen Erkenntnis zu gelangen, benötigte es noch weniger Anstrengungen:

Alles, was sein DS ihm sagte, war korrekt. Er schien ein untrügliches Gespür für die richtigen Entschlüsse zu haben, außerdem war er im Gegensatz zu Andrew erwachsen und wusste deshalb so viel mehr. Und so erreichte der kleine, nicht mehr ganz so einsame Junge innerhalb einiger Wochen das, worum er seit mehr als zwei Jahren erfolglos gekämpft hatte:

Perfektion.

* * *

Drei Tage, nachdem er in Andrews Leben getreten war, nahm der DS sich dessen panischer Atemnot beim Aufwachen an.

Während der Junge darum kämpfte, nicht zu ersticken und gleichzeitig darum bat, es doch endlich zu dürfen, verdrehte er die Augen.

Allein bist du total aufgeschmissen, was? Okay, pass auf, du Schwachkopf! Jetzt lass das sinnlose Nach-Luft-Geschnappe und konzentriere dich auf mich! ... Bereit?

Missmutig beäugte er den entsetzen Jungen für eine Weile, dann verzog er das Gesicht.

Ich schätze, darauf kann ich warten, bis es Kühe vom Himmel regnet. Plötzlich war er dem Kleinen sehr nah und donnerte: *Halt die Luft an!*

Andrew, inzwischen aufgezerrt von seiner Panik, tat, wie ihm geheißen.

Der DS nickte grimmig. *Na, wie, fein. Nun zähl mal bis fünf. Das dürftest du ja wohl noch zustande bringen.*

Der Rekrut versuchte es, er bemühte sich wirklich. »E-E-E...« Doch alles, was er herausbrachte, ging in seinem panischen Keuchen unter. Seine Lunge pfiff, versuchte mit allen Mitteln an Luft zu gelangen, wo keine war.

Der DS blieb ganz sein lässiges Selbst.

Du bist ein Idiot! In Gedanken! Du sollst in Gedanken zählen! Also noch mal: Luft anhalten!

Andrew tat, was er konnte, um wenigstens so etwas wie einen guten Willen zu signalisieren.

Zähl bis fünf ... Langsam!

Eins ... zwei ...drei vierfünf.

Langsam! Inzwischen hatte der DS seine Augen weit und gefährlich aufgerissen - das machte er immer so, wenn Andrew nicht gehorchte. Der zwang sich, bedächtiger zu zählen, was zwischen seiner Panik und dem zunehmenden Gefühl, jetzt ehrlich zu ersticken, eine echte Glanzleistung darstellte.

Eins ... Zwei ... Drei ... Vier ... Fünf.

Ich bin begeistert!, jubelte der DS trocken. *Und jetzt atme aus!*

Selbst das war nicht leicht, denn es gab keinen Sauerstoff, den Andrew ausstoßen konnte. Das bisschen Gas, was sich noch in seiner Lunge befand, wollte die partout nicht hergeben. Es war, als hätte sich ihr Zugang für immer und ewig verschlossen.

Doch unter dem drohenden Blick seines DS gelang ihm auch das Unmögliche.

Angst beflügelt.

Die Verbesserung war nicht großartig und dennoch spürbar. Nach ein paar Tagen des Übens entwickelte er mithilfe seines neuen Partners daraus eine durchaus taugliche Atemübung. Sie sollte ihn in den kommenden zwanzig Jahren gegen drei und halb vier beim Überleben helfen.

Es dauerte gar nicht lange und sie war ihm in Fleisch und Blut übergegangen, so wie alles andere auch, was der DS an Neuheiten in seinem Leben einführte.

Schon längst erstellte Andrew seine Vorhaben nicht mehr schriftlich, sein Aufpasser sorgte auf seine unnachahmliche Art dafür, dass der Junge keine Position entfiel und dass er jede einzelne akribisch ausführte.

Im Alltag gab es nicht länger graue – ungeplante –

Zeiträume, mittlerweile war jede Sekunde Bestandteil des großen, alles beherrschenden Planes.

Er verließ das Bett nach Plan, obschon die Zeiten geringfügig variierten, Andrew duschte nach Plan und er aß nach Plan. Längst waren nicht nur die Termine von Bedeutung, sondern auch deren Inhalte und Ziele. Andrew lernte nicht mehr – er bereitete sich auf ein A+ vor. Er suchte sich seine Kleidung nicht mehr nach der allgemeinen Wetterlage aus, sondern wollte mit seinem Outfit etwas bewirken und sei es nur, den guten Eindruck, den man allerorts von ihm hatte, zu bedienen und nicht aufzufallen!

Sogar die Farbe, mit der er schrieb, war jetzt von unglaublicher Brisanz, und auch was er aß, wurde mit einem Mal Bestandteil des wichtigen Planes.

Junge, wenn man so verkorkst ist wie du, bleibt nur noch, es so simpel wie möglich zu halten. Keine Experimente mehr! Jede Abwechslung lenkt dich nur ab, am besten, du isst immer das Gleiche, dann halten wir das Risiko so gering, wie es irgendwie geht. Okay, okay ... abends können wir hin und wieder eine Ausnahme machen - WENN du dich gut geführt hast. Alles andere würde dein kleines, total zugeschissenes Gehirn überhaupt nicht verkraften! Eiserne Disziplin – das ist das Zauberwort! Damit bekommen wir selbst so einen wie dich auf Spur.

Daher gab es von nun an jeden Morgen Rührei mit Speck, eine Scheibe Toast und ein Glas Orangensaft. All das bereitete er sich zu Sarahs großer Freude natürlich selbstständig zu.

Als Andrew acht wurde, gesellte sich allmorgendlich der Kaffee hinzu. Solange benötigte er, bis der DS schließlich nachgab - stöhnend, wohlgemerkt.

Du bist und bleibst ein verweichlichtes Muttersöhnchen!

Dabei ist die Alte tot! Wann kommt das endlich in deinem Schädel an? Also funktioniert es tatsächlich nicht ohne Doping, nein? Bitte! Versau dir den Magen, wenn du meinst!

Das ließ sich Andrew nicht zweimal sagen. Er war nämlich dahintergekommen, dass ihm das Koffein unglaublich half, den Tag zu überstehen. Und nur einige Jahre darauf stellte es sein Hauptnahrungsmittel dar. Doch an der Zusammenstellung seines Frühstücks würde sich auch noch zwanzig Jahre später nichts geändert haben. Ebenso verhielt es sich mit dem Lunch: Andrew aß Steak. An jedem Tag, immer um 12:30 mittags. So war es und so blieb es. Das war Gesetz.

Er machte sich keine Gedanken darüber, in Wahrheit begrüßte er die Kontinuität, die plötzlich sein Leben beherrschte. Eine Entscheidung weniger, die er mit seinem ewig überlasteten Gehirn täglich treffen musste.

Ähnlich sah es mit den Zeiten aus, zu denen er las, lernte, trainierte ...

Junge, du siehst Scheiße aus! Klapperdürr und das mit Methode! Höchste Zeit, dass wir dir zu ein paar Muskeln verhelfen.

Den Klavierunterricht behielt er bei und legte ihn erst mit vierzehn endgültig ad acta. Das war, als Andrew begann, aktiv in der Welt der Wirtschaft mitzumischen.

Scheiße, ich finde, wir haben lange genug gewartet! Du hast nichts und du bist nichts, deine Zensuren sind einen Schiss wert! Wovon willst du leben, hast du darüber noch nicht nachgedacht? Nein? Seltsam, warum überrascht mich das nicht? Aber keine Sorge, für das Denken ist ja der gute alte DS zuständig. Also hör zu ...

Und so war es möglicherweise kein Zufall, dass Andrew

mit fünfzehn Experte an der Börse war. Selbst wenn er noch kein eigenes Kapital besaß, mit dem er spekulieren konnte.

Das änderte sich, als er mit sechzehn seinen ersten kleineren Job annahm, da besuchte er noch die Schule. Vierundzwanzig Monate später, immer noch an der Highschool, verließ er pünktlich an seinem achtzehnten Geburtstag das Haus, in dem er in den letzten dreizehn Jahren gewohnt hatte, und bezog sein erstes eigenes und zu einhundert Prozent selbst finanziertes Appartement.

Und jetzt gab es für den DS kein Halten mehr. Bis zu diesem Zeitpunkt war Andrew nach wie vor überwacht worden. Das hatte sich als hinderlich erwiesen, um den nächsten – entscheidenden – Schritt zu gehen. Doch dies gehörte nun endlich der Vergangenheit an. Der winzige Wagen, den er sich kaufte, wurde bald größer, in den folgenden drei Jahren agierte Andrew als Wirtschaftsberater. Bald betreute er eine elitär anmutende und äußerst einflussreiche Gruppe von Klienten. Es war nicht schwer, sich in der Welt der Hochfinanz einzuführen, er galt nämlich bereits mit siebzehn als Geheimtipp unter den investitionsfreudigen Millionären aus der Nachbarschaft.

Dies war zwar nicht exakt der berufliche Weg, den er einschlagen wollte, es verhalf ihm jedoch zu einem finanziellen Polster, mit dessen Hilfe er etwas später seine erste Million machte. Die konnte er noch vor seinem neunzehnten Geburtstag verbuchen. Nachdem er die Highschool als Jahrgangsbester abgeschlossen hatte, begann er an Harvard zu studieren und erwarb noch im gleichen Jahr sein erstes eigenes Unternehmen.

Es handelte sich um eine heruntergewirtschaftete Baufirma, die kurz vor der Pleite stand. Daher musste Andrew nur wenige zehntausend Dollar investieren, um den Grundstein für sein Vermögen zu legen. Er zauderte nicht lange – dem DS sei Dank – sondern setzte in einem Gewaltakt die gesamte Belegschaft vor die Tür. Dann machte er aus jeder Maschine, jeder Zange, jeder Schraube, ja, selbst dem winzigsten Blatt Papier, das noch nicht beschrieben war, bares Geld.

So ging es weiter. Mit jeder Firma, die er auf diese brutale und gewissenlose Weise zerschlug, wuchs sein Kapital. Er wurde erfolgreicher – aber ebenfalls verhasster. Und als er mit zweiundzwanzig Jahren sein Wirtschaftsstudium abschloss, geschah dies wieder als Bester.

Er war immer der Beste - nicht nur des jeweiligen Jahrgangs - Andrews Resultate gingen in die Geschichte der Schulen und Universitäten ein, die er besuchte. Nichts anderes hätte der DS akzeptiert.

Mit dreiundzwanzig gelang ihm sein bisher größter Clou: Er kaufte sich ein großes, weltweit agierendes Unternehmen, auch wenn es marode war und zu diesem Zeitpunkt nur wenig bis keinen Gewinn abwarf.

Diesmal sezierte er es nicht, sondern baute es neu auf und wurde damit Amerikas jüngster Konzernchef. Als er sich nach einigen Jahren mit der inzwischen gesunden und florierenden Gesellschaft an der Börse notieren ließ, wurde er jüngster Vorstandsvorsitzender in den USA.

Für Andrew existierten keine Kompromisse, er ging jedes Risiko ein, solange es Erfolg versprechend war, vernichtete jeden, der so dumm war, sich ihm in den Weg zu stellen und war sich nicht zu schade, zu jedem verfügbaren Mittel zu greifen, um am Ende an das jeweilig anvisierte Ziel zu gelangen. Egal, ob nun legal oder eher in der Illegalität beheimatet.

Sein Studium setzte er fort, belegte noch etliche Seminare, schrieb sich immer wieder neu ein, studierte abends, versah seine Arbeit tagsüber, arbeitete nach dem Lernen weiter.

Der DS sorgte dafür, dass es funktionierte.

So, wie er für alles sorgte.

9

Anfänglich beging Andrew viele Fehler und provozierte damit zwangsläufigen Ärger mit seinem DS.

Nicht die Jeans, du Idiot! Sollen dich die Leute für einen Penner halten?

Was heißt, du bist fertig? Das bist du nie! Da sind mehr als zwanzig unerledigte Aufgaben, die dringend darauf warten, dass du deinen behäbigen Hintern bewegst! Algebra ist eine vertrackte Angelegenheit, verpasst du einmal den Anschluss, hast du es erlebt!

Wie, sie ist hübsch! Wer ist hübsch? Behalte den abgefuckten Blick auf dem Buch, für Weibergeschichten hast du keine Zeit! Verdammt! Okay, ich denke, der olle DS muss dich mit einer weiteren Lebensweisheit ausstatten: Frauen sind ein Furunkel am Arsch der Menschheit! Sie wollen nur dein Geld und deine Zeit. Beides hast du nicht zu verschenken! Also lass es!

Wie, es tut dir leid, die Leute zu entlassen? Ja, schenkt dir jemand etwas? He? Nein! Was soll die blödsinnige Gefühlsduselei? Für so was haben wir keine Zeit! Also, los, los, los!

Was heißt eine halbe Stunde Training genügt? Willst du mich verarschen? Du hast dein Gewicht bereits mit einhundertdreiundfünfzig Gramm überschritten. Weißt du, wohin das führt? Hast du die fetten Versager schon wieder vergessen, die mit fünfunddreißig ihre erste Herzattacke bekommen, nicht mehr arbeiten gehen und ein Jahr später mit Anlauf in die Kiste springen? Mach, dass du auf das Laufband kommst!

Wie, du bist müde? Müde? Wie oft soll ich dir noch sagen, dass Schlaf total überbewertet wird? Hörst du mir überhaupt zu? Pass auf, du Idiot, wir hatten einen Deal: Du tust, was ich dir sage. Damit sind wir immer noch am besten gefahren und so wird es auch bleiben. Ansonsten gehe ich! Dein ewiges Gejammer geht mir schon seit Jahren verdammt auf den Geist und stört meinen Stoffwechsel. Also was? Was?

Meistens lenkte Andrew ein, wenngleich es ihm manchmal – oft – sehr schwer fiel. Doch mit der Zeit, unmerklich, hatte er sich an die Befehle des DS in allen Lebenslagen, an die Beleidigungen und auch an dessen ständige Anwesenheit so sehr gewöhnt, dass er sie nicht mehr infrage stellte.

Nur nachts, wenn er mit seiner Mom in der dunklen Gasse unterwegs war, hielt sich sein ewiger Ratgeber dezent zurück. So oft Andrew in all den Jahren um Hilfe bat, eines blieb beim Alten: In der grausamsten Stunde seines Lebens war er immer allein.

Es gab einige Dinge, die der DS nicht gern sah und die Andrew dennoch durchsetzte. Leider landete er damit immer irgendwann zielsicher auf der Nase, genauso, wie der Soldat es ihm vorhergesagt hatte. Dessen Spott war ihm sicher und mit dem konnte Andrew umgehen, dummerweise folgte der Zorn auf dem Fuß. Und mit dem hantieren zu müssen, wünschte Andrew seinem ärgsten Feind nicht.

Der Ansicht war er mit sieben und ebenfalls mit fünfundzwanzig.

Zu diesem Zeitpunkt hatte er bereits über zwanzig Firmen erfolgreich dem Erdboden gleichgemacht, etliche mit seiner großen geschluckt und unzählige Leute ohne mit der Wimper zu zucken ihrer Jobs und damit ihrer Lebensgrundlage beraubt.

Er hatte gelogen, betrogen, gelinkt, bestochen und sich immer und rücksichtslos in die beste Position gebracht. Nichts und niemand machte ihm Angst.

Mit Ausnahme des DS.

Aber gewisse Angelegenheiten würde dieser Kerl niemals nachvollziehen können. Eine davon war die ständige Müdigkeit, mit der Andrew zu kämpfen hatte. Der Mensch gewöhnt sich an alles. Selbst an einen Nachtschlaf, der nie länger als etwas mehr als drei Stunden währt - wenn man Glück hat.

Doch hier war leider nicht das Ende der Fahnenstange erreicht.

Im Laufe der Jahre durchlebte Andrew des Öfteren Phasen, in denen diese drei Stunden noch einmal empfindlich beschnitten wurden. Was manchmal bedeutete, dass sie sich auf einhundertzwanzig Minuten dezimierten.

Sein persönlicher Overkill.

Andrew war nicht länger in der Lage, die so mühsam anerzogene und aufrechterhaltene Fassade zu wahren und die erforderlichen Leistungen zu erbringen. So verhielt es sich als Junge und es blieb so, als er längst zum Mann herangereift war.

Er selbst datierte dieses Ereignis übrigens auf sein vierzehntes Lebensjahr - den Zeitpunkt, an dem er zum ersten Mal für einen anderen gewinnträchtig an der Börse spekuliert hatte.

Es war eher ein Experiment, daher handelte es sich um

niemand Bedeutendes. Doch Andrew war erfolgreich und der Lebensabend des Kioskbesitzers gesichert, der sein Häuschen direkt neben der Highschool für die Kinder gut situierter und prominenter Bürger aufgestellt hatte.

All das lief, solange er drei Stunden Schlaf in der Nacht bekam.

Die magische Grenze. Sie entschied darüber, ob der folgende Tag an die Gewinner- oder die Verliererseite gehen würde.

Der DS akzeptierte das natürlich nicht, Andrew hatte jedoch die Erfahrung gemacht, dass ihn sogar dessen Vorwürfe nicht mehr sonderlich nahegingen, wenn sich die Gesichter der Menschen in wabernde, monsterähnliche Fratzen verwandelten. In Wahrheit schien die Stimme in seinem Kopf immer leiser zu werden.

Irgendwann hatte er sich mal gefragt, warum das so war und kam bald auf die zwangsläufige Antwort: Wann immer er sich mit Bestien und tatsächlich ausweglosen Situationen auseinandersetzen musste, war kein DS anwesend. Seltsamerweise strich der genau in diesen Momenten die Segel. Offenbar befasste er sich nur mit Problemen, die behebbar waren, was unweigerlich bedeutete, dass nichts und niemand – nicht einmal der DS – Andrew jemals von dessen Albträumen und dem mangelnden Schlaf befreien würde.

Damit war dies die einzige Angelegenheit, in der Andrew nach wie vor auf sich allein gestellt war. Jene unregelmäßig aufkommenden Perioden kosteten ihn als Kind fast den Hals, weil es nichts gab, womit er sich behelfen konnte. Sogar der Kaffee richtete an solchen Tagen nicht mehr viel aus. Und diesen besonderen Kampf focht Andrew noch aus, als er längst erwachsen war.

Lange trotzte er, auch noch, als er glaubte, keine Sekunde länger zu überstehen, doch eines Tages kam sie, die Kapitulation. Das war, als seine aktuelle Zwei-Stunden-Schlaf-Phase in die dritte Woche ging und er zum ersten Mal seit vielen Jahren drohte, komplett die Kontrolle zu verlieren. Jedes Geräusch war bereits zu viel, sprach man ihn an, glaubte er, zu explodieren. Ihm war, als befände sich in seinem Kopf ein Lautsprecher, der jeden Ton, jedes verhaltene Räuspern, das Ticken einer Uhr, den Summton seines Telefons, die Stimme seiner Sekretärin, selbst seine Gedanken um ein Tausendfaches verstärkte.

In der Vorstandssitzung lief er Gefahr, den erstbesten Arsch, der auf seine eher obligatorische Bemerkung:

»Noch irgendwelche Fragen?«, tatsächlich etwas zu melden hatte, am Kragen zu nehmen und durch das geschlossene Fenster nach unten zu befördern. Sie befanden sich im fünfundzwanzigsten Stockwerk, die Sauerei wäre mit Sicherheit beachtlich gewesen.

Er drohte, vollständig die Fassung einzubüßen und da dies noch nie geschehen war, konnte er nicht sicher sein, was dies im Einzelnen bedeutete. Auf jeden Fall wahrte er dann bestimmt nicht mehr die Fassade, man würde auf ihn aufmerksam werden, ihn beobachten, heimlich über ihn tuscheln, seine Reaktionen hinterfragen und gefährliche Schlussfolgerungen ziehen.

Und nicht nur, weil man ihn gern so schnell wie möglich von seinem Vorstandschefsessel werfen wollte.

Er war verhasst, das wusste er und er fühlte sich wohl dabei. Solange er sich nichts Nachweisbares zuschulden kommen ließ, war das die beste Taktik, die Leute auf Spur zu halten. Versagte er jedoch, war er geliefert, es bedurfte nicht viel, um alles zu verlieren, was er sich in Jahren harter

Arbeit geschaffen hatte.

Attestierter Wahnsinn gehörte garantiert dazu.

Nach drei Wochen war er am Ende. Körperlich, seelisch ohnehin. Es existierten zwei – nun, drei – Menschen in seinem Leben, denen er ein gewisses Vertrauen entgegenbrachte. So viel, dass er ihnen zumindest rudimentär Einblicke in sein Dasein gewährte. Dabei handelte es sich im Einzelnen um seine Sekretärin: Gail, seinen Chauffeur: Frank Johnson und seinen Sicherheitschef: Max Finch.

Letzterer war ein Mann mit ziemlich vielen, sehr hilfreichen Talenten und Beziehungen. Jede davon hatte Andrew bereits mehrfach zurate gezogen, wenn er mit orthodoxen Methoden nicht mehr weiterkam. Und genau zu ihm ging er, als er sicher war, keinen weiteren Tag zu überstehen, ohne eine Katastrophe sondergleichen auszulösen. Wie die im Einzelnen aussah, war im Grunde egal, jegliche Abweichung vom Tagesablauf stellte für Andrew ein Inferno mittleren Ausmaßes dar. Besonders in seinem geschwächten Zustand.

Keine vier Stunden später hielt er das unscheinbare Fläschchen mit dem künstlichen Schlaf in der Hand.

Es kostete ihn ein müdes – oh ja, ein äußerst müdes – Lächeln, das Geknurre des DS zu ignorieren. Der hatte seine Schwierigkeiten nie ernst genommen und schimpfte ihn einen Schlappschwanz, wann immer Andrew drohte, an seiner Müdigkeit zu zerbrechen. Doch er half ihm auch nicht und er litt nicht darunter.

Andrew aber, und so legte er sich am kommenden Abend, nachdem er zwei von den winzigen Tabletten geschluckt hatte, um Mitternacht erwartungsvoll in sein Bett.

Er schlief sofort ein - das war nicht verwunderlich -, das Erwachen hingegen schon.

Als er siegessicher auf die Uhr blickte, zeigte diese 2:05am. Satte zehn Minuten weniger Schlaf, als er ohne das Mittel hinbekommen hätte.

Das war der erste Schock und es blieb nicht der Einzige:

Denn obgleich die starken Präparate ihm keinen Schlaf bescherten, sorgten sie dennoch für anhaltende Erschöpfung. Also nicht die, die Andrew seit etlichen Jahren gewöhnt war, sondern die konzentrierte Form davon. Jetzt endlich ahnte er, wie die Antwort auf die Frage lautete, die er sich vor so vielen Jahren stellte:Es ging noch müder, sogar noch viel, viel müder.

In Wahrheit konnte man so müde sein, dass alles, was man bis zu diesem Zeitpunkt erlebt hatte, einem wahren Spaziergang glich. Inzwischen schaffte es Andrew kaum noch, den Kopf zu heben. Wie in Trance schleppte er sich durch den Tag, war er unbeobachtet, lag sein Schädel entweder in den Händen oder gleich auf der Tischplatte. Er arbeitete nicht, trainierte nicht, lernte nicht, aß nicht - Andrew tat überhaupt nichts. Und er überhörte das Gebrüll des DS, das ohnehin immer verhaltener wurde.

Trotzdem sich die Lage mit jedem neuen Erwachen zuspitzte, hielt er eine ganze Woche durch, bevor er die Schlaftabletten in seinen Badschrank verbannte und nie mehr ansah.

Diesen einzigen Ausflug in die Welt der Drogen behielt er in bleibender, negativer Erinnerung. Er beseitigte jedoch gleichfalls die letzte Hoffnung, sich irgendwann einmal aus der Falle seiner Schlaflosigkeit befreien zu können. Weitere zwei Wochen benötigte Andrew, um wieder halbwegs körperlich auf den altbewährten Stand zu kommen.

Während dieser Periode strafte der DS ihn mit Nichtachtung, dessen Rekrut ertrug seine Strafe wie ein Mann, wenngleich ihm die Zeit ohne seinen Ratgeber verdammt zusetzte.

Er wusste, wann er Abbitte zu leisten hatte.

10

Noch in einer anderen Angelegenheit setzte Andrew seinen Kopf durch. Diesmal nachhaltig, wenn sich auch dies zunächst als Fiasko herausstellte.

Frauen.

Er mochte sie - das ging ihm bereits mit vierzehn auf -, doch mithilfe des DS gelang es ihm noch zwei zusätzliche Jahre erfolgreich, das weibliche Geschlecht zu ignorieren.

Dann offenbarte ihm ausgerechnet die Frau des Gemeindepfarrers eine Seite des Lebens, die ihm bis dato völlig fremd gewesen war.

Sex.

Es war nicht seine Beziehung zu ebenjener Dame, die dafür sorgte, dass die Geschichte beinahe in einer Katastrophe endete, sondern das Verhalten dieser Frau danach. Denn sie hielt sich nicht an die Regeln. Andrew, der schon nach kurzer Zeit begriffen hatte, wie interessant die gesamte Angelegenheit war, pflegte sein neues Hobby mit beiläufigem Interesse und totaler Emotionslosigkeit. Er konnte dabei vergessen - selbst seine Müdigkeit – wenn auch nur für einige, selige Minuten. Im Grunde interessierte ihn die Identität seiner Partnerin nicht, solange sie nur hübsch war und sich bei Andrews Wünschen kooperativ zeigte. So verhielt es sich auch bei seinem ersten Verhältnis.

Magdalena – die Pfarrersgattin, ja, er fand sogar Zeit, einmal trocken aufzulachen - beging jedoch den Fehler und verliebte sich in den damals sechzehnjährigen, gänzlich unerfahrenen Jungen. Andrew, nun, es war der DS, um bei der Wahrheit zu bleiben, erkannte die Gefahr bedauerlicherweise zu spät. Denn als er sich von ihr zurückzog, war sie längst der felsenfesten Überzeugung, ihren Mann zu verlassen und mit Andrew zur Not nach Australien auszuwandern, um dort mit ihm ein gemeinsames Leben aufzubauen.

Er versuchte sie abzuschütteln, was sich leider als gar nicht so einfach herausstellte, denn sie stalkte ihn nach allen Regeln der Kunst. Mit jedem Tag, den er ihrem Drängen nicht nachgab, wurde sie aufdringlicher.

Mehr und mehr ähnelte ihr Verhalten dem einer geistig verwirrten Person.

Sie lauerte ihm an der Schule auf, rief zu allen möglichen und unmöglichen Zeiten in seinem Elternhaus an, drohte sogar mit Selbstmord, wenn er ihr Flehen nicht erhörte. Bald wusste Andrew weder aus noch ein, und der DS, kaum dass er seine erste Wut hinter sich gelassen hatte, lief zur Höchstform auf.

Es funktionierte, doch es wurde knapp und Andrew hatte für die nächsten drei Jahre genug vom Thema Frauen.

Aber irgendwann kehrte das Bedürfnis zurück, da war er bereits älter, entspannter und verfügte über bedeutend mehr Geld.

Es war nie Liebe, die er bei einer Frau suchte, was das betraf, hielt Andrew sich vollständig an die Weisungen des DS. Er gestattete niemandem Einblick in sein Leben, noch ließ er zu, dass jemand derart viel Macht über ihn erlangte, um seinen so wichtigen, unverwüstlichen Tagesablauf stören zu können.

Doch nachdem er sich von dem Desaster mit der Pfarrersfrau erholt hatte und der DS nicht mehr ganz so wütend auf ihn war, griff er dieses spezielle Thema wieder auf. Mochte der DS sagen, was er wollte, dies war eine der wenigen Angelegenheiten, in die Andrew sich nicht hineinreden ließ. Als er dem Soldaten seinen Plan vorlegte, hatte der nur noch geringschätzig das Gesicht verzogen.

Okay, du kannst wohl nicht anders! Was soll ich sagen? Dann tu es schon, in Gottes Namen, bevor dir das Zeug aus den Ohren kommt. Aber ich warne dich! Halte dich an die Regeln! Noch einmal rette ich deinen Arsch nicht vor einer wild gewordenen Walküre!

Andrew beachtete ihn kaum. Sein Entschluss stand fest.

Kein Leben ohne Sex.

Beinahe spielerisch gelang es ihm, die Frauen, die sich auf den Handel mit ihm einließen, in seinen Tagesplan zu integrieren. Er sah sie nicht oft, maximal einmal die Woche; ihr Schweigen ließ er sich vorab mit einem wasserdichten Vertrag bescheinigen, er stellte ihnen ein Appartement zur Verfügung und sorgte während ihrer Liaison für deren Auskommen.

Dabei war ihm nicht der DS, sondern wieder sein Sicherheitschef von gravierender Hilfe. Und bald gehörten jene Mädchen, die er dann und wann besuchte und mit denen er ein paar wirklich ereignisreiche Stunden verbrachte, zu seinem Leben, wie das morgendliche Frühstück oder die Besuche im Bereich der Hochfinanz.

Allerdings wurden sie kein Bestandteil seines Privatlebens. Nie führte er sie aus, nie nahm er sie auf die von ihm eher spärlich besuchten Events mit. Seine Teilnahme an derartigen Veranstaltungen nahm mit den Jahren ohnehin ständig ab, bis sie eines Tages ganz ausblieb. Er hatte feststellen müssen, dass ihn Derartiges langweilte - verschwendete Zeit, die ihm keinen wie auch immer gearteten Gewinn bescherte. Ebenso verhielt es sich mit jedem anderen Zeitvertreib, den andere Leute angeblich nachgingen.

Irgendwann zog Andrew sich völlig zurück. Er – oder vielmehr der DS - waren dahintergekommen, dass dies die beste Möglichkeit darstellte, sich nicht in seinen Plänen herumpfuschen zu lassen. Nur, wenn er sich soweit wie möglich aus der Welt zurückzog, vermied er es, sich von ihr einnehmen zu lassen. Die wenigen Geschäftstermine, die er wohl oder übel dennoch wahrnahm, ließen sich dafür verhältnismäßig einfach in seinen Plan integrieren ähnlich wie das jeweilig aktuelle Mädchen.

Am wohlsten fühlte er sich, wenn er seinen Tag ausschließlich in der Holding und seinem Haus verbrachte.

Hier war er sicher vor allen fremden Einflüssen, die ihn vielleicht vor Herausforderungen stellten, die drohten, seinen Tagesablauf zu stören.

Er genoss die Einsamkeit, mochte die Ruhe, die ihn empfing, sobald er die Haustür hinter sich schloss. Seine Familie besucht er nur zweimal im Jahr: an Weihnachten für zwei Tage - was gleichzeitig seinen Jahresurlaub darstellte - und zum Geburtstag seiner jüngeren Schwester Julia. Sie wurde einige Jahre nach Claudia geboren und zu ihr pflegte Andrew sogar so etwas wie eine Beziehung. Damit hatte er seinen Verpflichtungen genüge getan - fand er und der DS ohnehin. Manchmal traf er sich mit seinem Vater zum Lunch. Irgendwann hatte er Frieden mit ihm geschlossen, spätestens, nachdem Stephan Norton nach New York gegangen war.

Möglicherweise lag es daran, dass er ab diesem Zeitpunkt nicht mehr zu den elenden Aufpassern gehörte.

Diese sporadischen Essen verliefen stets gut und da sie genau zu Andrews üblicher Lunchzeit stattfanden, brachten sie seinen Plan auch nicht ins Wanken.

Ansonsten sah er niemanden, Besuch bekam er ohnehin nicht, weil sich nie welcher ankündigte.

Keine seiner Freundinnen betrat jemals sein Haus – er traf sie ausschließlich in den Appartements, die für die Dauer des Verhältnisses angemietet wurden. Zunächst. Es dauerte nicht lange, dann kaufte er sie und verhinderte damit, dass es irgendeinem Schnüffler doch noch gelang, hinter Andrews kleines Geheimnis zu gelangen.

Und so wohnte er mit seinem Chauffeur in dem riesigen Gebäude mit den vielen, vielen Gästezimmern, die niemals genutzt wurden.

Er ließ sie damals einrichten, um vorbereitet zu sein, wenn jemand zu ihm kam. Die Gefahr bestand zwar nicht und der DS hatte deshalb auch schallend gelacht, doch man konnte nie wissen und Andrew liebte keine Überraschungen. Daher wollte er auf jede Eventualität vorbereitet sein.

Irgendwann hatte er sich einmal die Frage gestellt, wer dieser DS eigentlich war. Der lauschte seinen Überlegungen übrigens mit spöttischer Miene.

Es dauert nicht lange, bis Andrew zu einem Schluss kam und der fiel ziemlich vernichtend aus.

Schizophrenie

Er war eindeutig ein Schizo, da gab es wohl nichts zu beschönigen. Erstaunlicherweise berührte ihn die Diagnose nicht sonderlich, denn sein zweites Ich meldete sich kurz darauf zu Wort und teilte ihm auf seine unnachahmliche Weise mit, dass er – der ewige, jammernde Weichling – bereits wieder Gefahr lief, aus der Rolle zu fallen und gegen die Spielregeln zu verstoßen.

Norton, du Idiot. Wenn du mit deiner Anamnese fertig bist, könntest du dich wieder deinen Pflichten widmen. Also natürlich nur, wenn ich dir damit nicht zu nahe trete. Du hast nicht zufällig vergessen, dass du in drei Minuten einer Vorstandssitzung beiwohnen musst, um den Versagern in den Arsch zu treten?

II.

Er war der jüngste Milliardär, den die Vereinigten Staaten jemals hervorgebracht hatten.

Unermesslich reich und erfolgreich, außergewöhnlich attraktiv, hochintelligent, in körperlicher Bestform – beneidenswert.

Seine Vita las sich wie der fleischgewordene amerikanische Traum, wenngleich er nie als Tellerwäscher begonnen hatte und seine Eltern eher zu den oberen Zehntausend von Tampa / Florida gehörten. Sein Vater, ein angesehener Gehirnchirurg, war seit Jahren als Chefarzt in New York tätig, seine Mutter eine der angesehensten Architektinnen des Landes. Doch es war allgemein bekannt, dass Andrew Nortons Vermögen ohne Hilfe seiner Eltern entstanden war.

Er galt als Workaholic ohne nennenswertes Privatleben, zumindest ließ er sich so gut wie nie in der Öffentlichkeit sehen, schon gar nicht in weiblicher Begleitung.

Eine Zeit lang hielten sich die Gerüchte seiner angeblichen Homosexualität, obwohl sich dieser Verdacht nie erhärtete, denn auch mit jungen Männern wurde Norton nicht gesichtet.

Dieser Mann machte aus sich ein Mysterium, sein Verhalten war ausnehmend extravagant, er verschanzte sich in seinem riesigen Haus, das gut geschützt vor den Blicken der Paparazzi am Rande der Stadt lag, und gewährte niemandem Einblick.

Besuchte er zu Beginn seiner bemerkenswerten Karriere noch regelmäßig die vielen gesellschaftlichen Anlässe und war oft Thema auf CNN, wenn es um aufstrebende neue Gesichter in der amerikanischen und internationalen Wirtschaft ging, so ließ auch das mit der Zeit stetig nach.

Es dauerte nicht lange und das allgemeine Interesse an jenem Mann, der für keinen Skandal gut zu sein schien und nie ein spontanes Interview gab, ließ spürbar nach.

Allerdings verlor man ihn nicht vollständig aus den Augen. Er war zu gut aussehend, zu ledig, hatte sich zu viele Feinde geschaffen und – mit Abstand am wichtigsten: Er war zu skurril.

Selten hatte man einen steinreichen, jungen Burschen erlebt, der sich nicht dem bescheidensten Zeitvertreib hingab, scheinbar nie schlief und zumindest anfänglich die Welt in eine Kleinstadt verwandelte, weil er offenbar an fünf Orte gleichzeitig jettete. Allerdings niemals in seinem eigenen Flugzeug – er besaß nämlich keines. Ebenso verhielt es sich mit schnellen Autos, Yachten - schlicht mit allem, was das Leben für einen Mann, der sich jeden Traum erfüllen kann, erst lebenswert macht. Er saß offenbar auf seinem Vermögen, ohne die geringste Absicht zu haben, es jemals anzutasten.

Nie zeigte er eine emotionale Regung, offenbarte kein Lächeln oder nur einen interessierten Blick. Es war, als würde er sein Umfeld nur dann wahrnehmen, wenn es geschäftliche Belange betraf. Niemand konnte wirklich von einem persönlichen Gespräch berichten, weil diese faktisch nicht stattfanden. Er galt als ausnehmend kaltschnäuzig, bis hin zur totalen Gewissenlosigkeit.

Man dichtete ihm Kontakte in die höchsten Kreise des organisierten Verbrechens an, musste jedoch diese Spekulation schließlich beerdigen, weil er auch die irgendwann zielsicher vor den Kopf stieß.

Praktisch gab es niemanden, den Andrew Norton auf irgendeine Art zu begünstigen schien. Er behandelte alle Menschen auf die gleiche Weise: mit offenkundiger Ablehnung und Desinteresse.

Wurde er von der Öffentlichkeit deshalb noch neugierig beäugt, so war er bei seinen Angestellten verhasst. Er galt als emotionslos, asozial, mitleidlos und war bekannt für seine unverhältnismäßig harten und kompromisslosen Entscheidungen.

Sprach er überhaupt, dann so leise, dass man ihn nur mit Mühe verstand. Ein überflüssiges Nachfragen jedoch konnte unter Umständen zur sofortigen Entlassung führen. Er wurde nie laut, seinen Unmut erkannte man lediglich an den drohend aufgerissenen Augen. Nie ließ er sich auf Diskussionen ein, Brainstorming verkam für ihn zum Fremdwort. Seine Entscheidungen waren Gesetz und die Vorstandsmitglieder eher Marionetten, als gleichrangige Mitarbeiter. Norton war dafür verschrien, jedes noch so kleine, nebensächliche Detail zur Chefsache zu erklären.

Und sollte die Delegation einer Aufgabe doch einmal unumgänglich werden, erwartete er perfekte Erledigung und einen umfassenden Bericht.

Es erfolgte nie ein persönliches Wort – in Wahrheit gab es überhaupt nie eines. Man war sich einig, dass dieser Mann einen arroganten Arsch bester Güte darstellte, der sie alle, einschließlich des oberen Managements, für hauseigenen Abfall hielt, weshalb sich jede Kommunikation mit ihnen erübrigte.

Heimlich jedoch zitterten alle vor ihm, denn niemand wusste, wen er als Nächstes aufs Korn nehmen würde.

Kein Mensch wäre jemals auf die Idee gekommen, ihn ohne triftigen Grund anzusprechen, und selbst wenn der vorlag, überlegte man es sich dreimal, bevor man Nortons Nähe suchte.

Er war verhasst, gefürchtet und die gesamte Belegschaft hätte so einiges dafür getan, um den jungen Emporkömmling, der in den meisten Fällen um die zwanzig Jahre jünger als seine Untergebenen war, ein für alle Mal loszuwerden. Händeringend lauerten sie auf irgendeinen Skandal, einen Fehler oder eine falsche Entscheidung, die man ausschlachten und für die eigenen Zwecke missbrauchen konnte.

Leider blieb alles in dieser Art aus.

Sogar die winzigsten Veränderungen entgingen Nortons wachsamem Auge nicht. Die Anordnung der Fahrzeuge in der Tiefgarage entsprach selbstverständlich seinen Vorgaben. Eines der ersten Dinge, die er nach Firmenübernahme umgehend durchsetzte, war die strikte Kleiderordnung. Jeans oder alles, was aus Jeansstoff gefertigt war, Sportschuhe, unzureichend gebügelte Hemden oder der Mangel an einer Krawatte waren nicht verpönt, sondern bei Androhung der sofortigen Entlassung verboten. Er selbst trug ausschließlich maßgeschneiderte Designerkleidung. Auch das gehörte neben seinem Wispern, dem ewig starren Blick, der Ignoranz und der unerträglichen Arroganz zu seinen Markenzeichen.

Man sah ihn nie lachen - ein Lächeln war so selten, dass man es im Kalender eintrug, wenn es doch einmal erschien. Es gab nie ein Lob, nie ein Dankeschön, niemals eine Anerkennung, die nicht aus Dollarnoten bestand.

Dies war die Art, wie Norton – das Ekel, in Fachkreisen auch Mr. Brute genannt – seine Leute motivierte und sie trotz der unmöglichen Arbeitsbedingungen bei Stange hielt. Er entschuldigte keinen noch so geringen Fehler, erwartete übermenschliche Leistungen, und zwar an jedem Tag. Jemand, der in seinem Unternehmen beschäftigt war, genoss kein verbrieftes Anrecht auf ein Wochenende oder gar Urlaub, wenn es die Lage erforderte, wurde beides ersatzlos gestrichen.

Doch er bezahlte seine Mitarbeiter überdurchschnittlich gut. Jeden. Vom Vorstandsmitglied bis zur Pauschalkraft in der Postabteilung. Es gab keinen vergleichbaren Job in der Stadt, möglicherweise nicht einmal im gesamten Bundesstaat.

Menschen lassen sich gern kaufen – daraus schlug Norton Kapital.

* * *

Als er den Aufzug verließ und zu seiner Limousine lief, waren die Augen ausschließlich auf sein Ziel fixiert. Er sah und hörte nichts von dem, was ihn umgab.

Der große, schlanke, gut gebaute Mann durchschritt die düstere Tiefgarage. Die Haltung war vollkommen, der Gang gemessen, nicht zu schnell und nicht zu langsam. Beschwingt, elegant, ausnehmend bestechend. Das dunkle Haar war kunstfertig geschnitten, nicht zu kurz und nicht zu lang. Die Kleidung wirkte leger, doch selbst eine Person aus der Unterschicht hätte sofort deren Exklusivität erkannt.

Er hätte als schön gegolten, wären da nicht jene schwarzen Schatten unter den Augen gewesen, die sich in dem ansonsten makellosen Gesicht wie Fremdkörper ausmachten.

Seine Lippen waren schmal, der Blick leblos und

seltsam starr. Keine Emotion zierte das junge und attraktive Antlitz, vielmehr schien er wie eine hübsche, seelenlose Hülle, der man irgendwann das Innenleben geraubt hatte - niemand hätte geglaubt, dass sich dahinter ein fühlender Mensch versteckte.

Einer, dessen Schritt sich unmerklich beschleunigte, als die herrische Stimme in seinem Kopf donnerte:

Verdammt, Norton, du Idiot! Sieh zu, dass du dich beeilst, du hast heute ein Essen mit diesem Dearinger geplant.

Danach stehen zwei Stunden im Büro an, eine halbe Stunde Vorstandssitzung, Heimfahrt, zwei weitere Stunden Arbeit, eine halbe Stunde Lunch, eine halbe Stunde im Fitnessraum und zwei Stunden am Projekt Südostasien.

Willst du alles versauen?

Was, die Asiaten fressen dir aus der Hand?

Ja, wie niedlich, aber das überrascht dich doch nicht wirklich, oder?

Das bedeutet noch lange nicht, dass du dich auf die faule Haut legen kannst. Du bist nichts und du hast nichts! Ich werde dir sagen, sollte sich daran jemals etwas ändern. Wenn überhaupt bist du davon noch ganze Äonen weit entfernt. All das, was du glaubst, zu haben, kann mit einem einzigen Handstreich wieder verschwinden. Oder, indem du wie immer Scheiße baust. Und da du dich ständig benimmst, wie ein Neandertaler, müssen wir eben mehr vorbauen, als jeder andere, elende Versager auf diesem Planeten.

Denn du bist der Oberversager, oder sehe ich das falsch? Natürlich nicht, denn ich sehe nie etwas falsch!

Also sieh zu, dass du deinen Arsch augenblicklich zu deinem verschissenen Wagen bewegst. Wir haben keine

Zeit!

KEINE ZEIT!

Schon wieder vergessen?

Hast du Schlappschwanz das tatsächlich schon wieder vergessen?

Antworte, verdammt!

Ja, Sir ...

* * *

www.ingramcontent.com/pod-product-compliance
Lightning Source LLC
Chambersburg PA
CBHW060706030426
42337CB00017B/2782